書名：奇門三奇干支神應
系列：心一堂術數古籍珍本叢刊　三式類　奇門遁甲系列
作者：心一堂編
主編、責任編輯：陳劍聰
心一堂術數古籍珍本叢刊編校小組：陳劍聰　素聞　梁松盛　鄒偉才　虛白盧主

出版：心一堂有限公司
通訊地址：香港九龍旺角彌敦道六一〇號荷李活商業中心十八樓〇五一〇六室
深港讀者服務中心：中國深圳市羅湖區立新路六號羅湖商業大厦負一層〇〇八室
電話號碼：(852)67150840
網址：publish.sunyata.cc
電郵：sunyatabook@gmail.com
網店：http://book.sunyata.cc
淘寶店地址：https://shop210782774.taobao.com
微店地址：https://weidian.com/s/1212826297
臉書：https://www.facebook.com/sunyatabook
讀者論壇：http://bbs.sunyata.cc/

版次：二零一一年九月初版
平裝

定價：港幣　二百九十八元正
人民幣　二百九十八元正
新台幣　一千二百元正

國際書號：ISBN 978-988-8058-74-7

香港發行：香港聯合書刊物流有限公司
地址：香港新界大埔汀麗路36號中華商務印刷大厦3樓
電話號碼：(852)2150-2100
傳真號碼：(852)2407-3062
電郵：info@suplogistics.com.hk

台灣發行：秀威資訊科技股份有限公司
地址：台灣台北市內湖區瑞光路七十六巷六十五號一樓
電話號碼：+886-2-2796-3638
傳真號碼：+886-2-2796-1377
網絡書店：www.bodbooks.com.tw
台灣國家書店讀者服務中心：
地址：台灣台北市中山區松江路二〇九號一樓
電話號碼：+886-2-2518-0207
傳真號碼：+886-2-2518-0778
網絡書店：http://www.govbooks.com.tw

中國大陸發行　零售：深圳心一堂文化傳播有限公司
深圳地址：深圳市羅湖區立新路六號羅湖商業大厦負一層〇〇八室
電話號碼：(86)0755-82224934

心一堂微店二維碼

心一堂淘寶店二維碼

心一堂術數古籍珍本叢刊 總序

術數定義

術數，大概可謂以「推算、推演人(個人、群體、國家等)、事、物、自然現象、時間、空間方位等規律及氣數，並或通過種種『方術』，從而達致趨吉避凶或某種特定目的」之知識體系和方法。

術數類別

我國術數的內容類別，歷代不盡相同，例如《漢書・藝文志》中載，漢代術數有六類：天文、曆譜、無行、蓍龜、雜占、形法。至清代《四庫全書》，術數類則有：數學、占候、相宅相墓、占卜、命書、相書、陰陽五行、雜技術等，其他如《後漢書・方術部》、《藝文類聚・方術部》、《太平御覽・方術部》等，對於術數的分類，皆有差異。古代多把天文、曆譜、及部份數學均歸入術數類，而民間流行亦視傳統醫學作為術數的一環；此外，有些術數與宗教中的方術亦往往難以分開。現代學界則常將各種術數歸納為五大類別：命、卜、相、醫、山，通稱「五術」。

本叢刊在《四庫全書》的分類基礎上，將術數分為九大類別：占筮、星命、相術、堪輿、選擇、三式、讖緯、理數(陰陽五行)、雜術。而未收天文、曆譜、算術、宗教方術、醫學。

術數思想與發展——從術到學，乃至合道

我國術數是由上古的占星、卜蓍、形法等術發展下來的。其中卜蓍之術，是歷經夏商周三代而通過「龜卜、蓍筮」得出卜(卦)辭的一種預測(吉凶成敗)術，之後歸納並結集成書，此即現傳之《易經》。經過春秋戰國至秦漢之際，受到當時諸子百家的影響、儒家的推崇，遂有《易傳》等的出現，原本是卜蓍術書的《易經》，被提升及解讀成有包涵「天地之道(理)」之學。因此，《易・繫辭傳》曰：「易與天地準，故能彌綸天地之道。」

漢代以後，易學中的陰陽學說，與五行、九宮、干支、氣運、災變、律曆、卦氣、讖緯、天人感應說等相結

合，形成易學中象數系統。而其他原與《易經》本來沒有關係的術數，如占星、形法、選擇，亦漸漸以易理（象數學說）為依歸。《四庫全書・易類小序》云：「術數之興，多在秦漢以後。要其旨，不出乎陰陽五行，生尅制化。實皆《易》之支派，傅以雜說耳。」至此，術數可謂已由「術」發展成「學」。

及至宋代，術數理論與理學中的河圖洛書、太極圖、邵雍先天之學及皇極經世等學說給合，通過術數以演繹理學中「天地中有一太極，萬物中各有一太極」（《朱子語類》）的思想。術數理論不單已發展至十分成熟，而且也從其學理中衍生一些新的方法或理論，如《梅花易數》、《河洛理數》等。

在傳統上，術數功能往往不止於僅僅作為趨吉避凶的方術，及「能彌綸天地之道」的學問，亦有其「修心養性」的功能，「與道合一」（修道）的內涵。《素問・上古天真論》：「上古之人，其知道者，法於陰陽，和於術數。」數之意義，不單是外在的算數、歷數、氣數，而是與理學中同等的「道」、「理」──心性的功能，北宋理氣家邵雍對此多有發揮：「聖人之心，是亦數也」、「萬化萬事生乎心」、「心為太極」。《觀物外篇》：「先天之學，心法也。……蓋天地萬物之理，盡在其中矣，心一而不分，則能應萬物。」反過來說，宋代的術數理論，受到當時理學、佛道及宋易影響，認為心性本質上是等同天地之太極。天地萬物氣數規律，能通過內觀自心而有所感知，即是內心也已具備有術數的推演及預測、感知能力；相傳是邵雍所創之《梅花易數》，便是在這樣的背景下誕生。

《易・文言傳》已有「積善之家，必有餘慶；積不善之家，必有餘殃」之說，至漢代流行的災變說及讖緯說，我國數千年來都認為天災，異常天象（自然現象），皆與一國或一地的施政者失德有關；下至家族、個人之盛衰，也都與一族一人之德行修養有關。因此，我國術數中除了吉凶盛衰理數之外，人心的德行修養，也是趨吉避凶的一個關鍵因素。

術數與宗教、修道

在這種思想之下，我國術數不單只是附屬於巫術或宗教行為的方術，又往往已是一種宗教的修煉手段──通過術數，以知陰陽，乃至合陰陽（道）。「其知道者，法於陰陽，和於術數。」例如，「奇門遁甲」術中，即分為「術奇門」與「法奇門」兩大類。「法奇門」中有大量道教中符籙、手印、存想、內煉的內容，是道教內丹外法的一種重要外法修煉體系。甚至在雷法一系的修煉上，亦大量應用了術數內容。此外，相術、堪輿術中也有修煉望氣色的方法；堪輿家除了選擇陰陽宅之吉凶外，也有道教中選擇適合修道環境（法、財、侶、地中的地）的方法，以至通過堪輿術觀察天地山川陰陽之氣，亦成為領悟陰陽金丹大道的一途。

易學體系以外的術數與的少數民族的術數

我國術數中，也有不用或不全用易理作為其理論依據的，如楊雄的《太玄》、司馬光的《潛虛》。也有一些占卜法、雜術不屬於《易經》系統，不過對後世影響較少而已。

外來宗教及少數民族中也有不少雖受漢文化影響（如陰陽、五行、二十八宿等學說）但仍自成系統的術數，如古代的西夏、突厥、吐魯番等占卜及星占術，藏族中有多種藏傳佛教占卜術、苯教占卜術、擇吉術、推命術、相術等；北方少數民族有薩滿教占卜術；不少少數民族如水族、白族、布朗族、佤族、彝族、苗族等，皆有占雞（卦）草卜、雞蛋卜等術，納西族的占星術、占卜術，彝族畢摩的推命術、占卜術…等等，都是屬於《易經》體系以外的術數。相對上，外國傳入的術數以及其理論，對我國術數影響更大。

曆法、推步術與外來術數的影響

我國的術數與曆法的關係非常緊密。早期的術數中，很多是利用星宿或星宿組合的位置（如某星在某州或某宮某度）付予某種吉凶意義，并據之以推演，例如歲星（木星）、月將（某月太陽所躔之宮次）等。不過，由於不同的古代曆法推步的誤差及歲差的問題，若干年後，其術數所用之星辰的位置，已與真實星辰的位置不一樣了；此如歲星（木星），早期的曆法及術數以十二年為一周期（以應地支），與木星真實周期十一點八六年，每幾十年便錯一宮。後來術家又設一「太歲」的假想星體來解決，是歲星運行的相反，週期亦剛好是十二年。而術數中的神煞，很多即是根據太歲的位置而定。又如六壬術中的「月將」，原是立春節氣後太陽躔娵訾之次而稱作「登明亥將」，至宋代，因歲差的關係，要到雨水節氣後太陽才躔娵訾之次，當時沈括提出了修正，但明清時六壬術中「月將」仍然沿用宋代沈括修正的起法沒有再修正。

由於以真實星象周期的推步術是非常繁複，而且古代星象推步術本身亦有不少誤差，大多數術數除依曆書保留了太陽（節氣）、太陰（月相）的簡單宮次計算外，漸漸形成根據干支、日月等的各自起例，以起出其他具有不同含義的眾多假想星象及神煞系統。唐宋以後，我國絕大部份術數都主要沿用這一系統，也出現了不少完全脫離真實星象的術數，如《子平術》、《紫微斗數》、《鐵版神數》等。後來就連一些利用真實星辰位置的術數，如《七政四餘術》及選擇法中的《天星選擇》，也已與假想星象及神煞混合而使用了。

隨着古代外國曆（推步）、術數的傳入，如唐代傳入的印度曆法及術數，元代傳入的回回曆等，其中我國占星術便吸收了印度占星術中羅睺星、計都星等而形成四餘星，又通過阿拉伯占星術而吸收了其中來自希臘、巴比倫占星術的黃道十二宮、四元素學說（地、水、火、風），並與我國傳統的二十八宿、五行說、神煞系統並存而形成《七政四餘術》。此外，一些術數中的北斗星名，不用我國傳統的星名：天樞、天璿、天璣、天權、玉衡、開陽、搖光，而是使用來自印度梵文所譯的：貪狼、巨門、祿存、文曲，廉貞、武曲、破軍等，此明顯是受到唐代從印度傳入的曆法及占星術所影響。如星命術的《紫微斗數》及堪輿術的《撼龍經》等文獻中，其星皆用印度譯名。及至清初《時憲曆》，置潤之法則改用西法「定氣」。清代以後的術數，又作過不少的調整。

術數在古代社會及外國的影響

術數在古代社會中一直扮演着一個非常重要的角色，影響層面不單只是某一階層、某一職業、某一年齡的人，而是上自帝王，下至普通百姓，從出生到死亡，不論是生活上的小事如洗髮、出行等，大事如建房、入伙、出兵等，從個人、家族以至國家，從天文、氣象、地理到人事、軍事，從民俗、學術到宗教，都離不開術數的應用。如古代政府的中欽天監（司天監），除了負責天文、曆法、輿地之外，亦精通其他如星占、選擇、堪輿等術數，除在皇室人員及朝庭中應用外，也定期頒行日書、修定術數，使民間對於天文、日曆用事吉凶及使用其他術數時，有所依從。

在古代，我國的漢族術數，甚至影響遍及西夏、突厥、吐蕃、阿拉伯、印度、東南亞諸國、朝鮮、日本、越南等地，其中朝鮮、日本、越南等國，一至到了民國時期，仍然沿用着我國的多種術數。

術數研究

術數在我國古代社會雖然影響深遠，「是傳統中國理念中的一門科學，從傳統的陰陽、五行、九宮、八卦、河圖、洛書等觀念作大自然的研究。……傳統中國的天文學、數學、煉丹術等，要到上世紀中葉始受世界學者肯定。可是，術數還未受到應得的注意。術數在傳統中國科技史、思想史，文化史、社會史，甚至軍事史都有一定的影響。……更進一步了解術數，我們將更能了解中國歷史的全貌。」（何丙郁《術數、天文與醫學 中國科技史的新視野》，香港城市大學中國文化中心。）

可是術數至今一直不受正統學界所重視，加上術家藏秘自珍，又揚言天機不可洩漏，「（術數）乃吾國科學與哲學融貫而成一種學說，數千年來傳衍嬗變，或隱或現，全賴一二有心人為之繼續維繫，賴以不絕，其中確有學術上研究之價值，非徒癡人說夢，荒誕不經之謂也。其所以至今不能在科學中成立一種地位者，實有數困。蓋古代士大夫階級目醫卜星相為九流之學，多恥道之；而發明諸大師又故為惝恍迷離之辭，以待後人探索；間有一二賢者有所發明，亦秘莫如深，既恐洩天地之秘，複恐譏為旁門左道，始終不肯公開研究，成立一有系統說明之書籍，貽之後世。故居今日而欲研究此種學術，實一極困難之事。」（民國徐樂吾《子平真詮評註》，方重審序）

現存的術數古籍，除極少數是唐、宋、元的版本外，絕大多數是明、清兩代的版本。其內容也主要是明、清兩代流行的術數，唐宋以前的術數及其書籍，大部份均已失傳，只能從史料記載、出土文獻、敦煌遺書中稍窺一麟半爪。

術數版本

坊間術數古籍版本，大多是晚清書坊之翻刻本及民國書賈之重排本，其中豕亥魚魯，或而任意增刪，往往文意全非，以至不能卒讀。現今不論是術數愛好者，還是民俗、史學、社會、文化、版本等學術研究者，要想得一常見術數書籍的善本、原版，已經非常困難，更遑論稿本、鈔本、孤本。在文獻不足及缺乏善本的情況下，要想對術數的源流、理法、及其影響，作全面深入的研究，幾不可能。

有見及此，本叢刊編校小組經多年努力及多方協助，在中國、韓國、日本等地區搜羅了一九四九年以前漢文為主的術數類善本、珍本、鈔本、孤本、稿本、批校本等千餘種，精選出其中最佳版本，以最新數碼技術清理、修復版面，更正明顯的錯訛，部份善本更以原色精印，務求更勝原本，以饗讀者。不過，限於編校小組的水平，版本選擇及考證、文字修正、提要內容等方面，恐有疏漏及舛誤之處，懇請方家不吝指正。

心一堂術數古籍珍本叢刊編校小組

二零零九年七月

三奇干支神應

三奇靜應

經曰陽遁順行前取用陰遁逆行后取用假令陽遁局中甲子直符在三宮是順取用令丙奇在巽即用奇到巽来應時中如三奇在直符住上為時初應前一位為時中應前二位為時末應

三奇乾宮尅應

日奇到乾有黄衣人至與腰纏財物人至又為貴人老人僧道或頭目之病與父女同行之應

月奇到乾有皂衣人来或色衣人與炉火道人黑白飛禽又為林下貴人與兵將至或取飛黑鳥主南方產亡一月内有人財添進

大發
星奇到乾有執器械之人與少女遊戲之事又為陰人奴婢挑禮
韋畜之應三七日主進金寶及有生氣之物為應

三奇坎宮尅應

日奇到坎有皂衣人至與車馬舟船汲水搖櫓子母　歌高人逸
士湖海漁翁僧道金鼓之應應后七日內進財並生氣物又宅有
喜事大發
月奇到坎有執杖人至鷹擊沙鷗又為婦女小兒漁鼓喜笑與烹
茶炙蝌之應或黃白飛鳥從西北方來應六十日內進契書東方
火驚其家大發

星奇到坎有人自南方挽小兒来與争論謠訛之事或女人被傷疾苦之事或黑雲雨為應一七主進黑色物西北有人自吊死大發

三奇艮宫尅應

日奇到艮有人著青衣来或持鉄器黑白飛禽從北方至猪狗相併提網賣魚又為少年顯宦勅書走報山人兵卒貴人之媍肩輿走狗之應週年得財

月奇到艮有網罟魚獵貴人皂衣跎背麻面又為壽星勇士弓弩詩畫炉瓶灣曲方員之物或小兒對鉄器啼哭為應雙飛白鳥南来三七日内進喜財物週年進白牛大發

星奇到艮有人挾文書紙筆小兒幼女穿林過嶺又為陰人獨行與私奔僧尼寥治之應或小兒持鉄器為應一年内主進財產

三奇震宮尅應

日奇到震有武士執器械與顯官大人雷鼓响振又為兵戈漁獵人及小兒為應三七日主進金寶東方女產厄其家大發

月奇到震有執火燒林乘馬漁獵醉翁寒士武人持刀劍杖來春主雷聲小兒成群為應七日内進生氣物一年生子若見破處有雷傷樹大發

星奇到震有架鷹逐兎婦女餉饋陰人病厄妓女私情柳柴取魚之應或黑鳥雙至進黃白物若見東方有殺傷財大發

三奇巽宮尅應

日奇到巽有文人墨士僧人少女貴人乘轎馬負竹柳柴簫管之應又有白衣人乘赤馬或乘白馬至小兒抱小兒三年生子進南人契書田宅東方林木自枯火驚人縊大發

月奇到巽有鼓樂笙歌與官長吏卒登高眺遠之應及唱喏聲南来人見驚事

星奇到巽有小兒騎牛馬與風雲聚會又為有祿陰人喜事嘻笑之應三七日進財北方人落水一年有黃腫產死相報大發

三奇離宮尅應

日奇到離有病眼跛足小兒牽馬又為三教名人博士善辨女人

火烟之應及黑白鳥東方應七日后進猪犬見北方人家動時郎
發
月奇到離有黃黑飛禽螃蠏橫行南嶺烽火又為陰人受封燈燭
輝煌之應七日六十日或一年進坎壠田宅兼蠶絲大發
星奇到離有青衣人女子羣羊與爭婚交合之事火炉柴炭烘籃
之應或黃色衣人三七日進橫財東方有人持刀斧斫破或一百
二十日進書大發

三奇坤宮尅應

日奇到坤有孝服塋葬之事與寡婦孤女疾病梏腹之情與鋤土
種田之應或孝服人自西　及烏鵲自南北二方至或鼓聲或西

方雷傷牛馬之類一七日進猪鷄六十日進女人文契

月奇到坤有飛鳥過山及皂衣人挑粮運土與男女私情爭鬧之應或挑水過者應及鼓聲並喜鵲南北二方来二七日進女人財帛一年進絕產大發

星奇到坤有私奔之女子牽逐牛羊窖治烟起與青衣人担水之應及黑飛鳥至三七日進水利之物北方有水破田大發

三奇兌宮尅應

日奇到兌有妓女成群婚喜嘻笑飛鵲噪聲牽羊過嶺或鐘鼓金磬之聲爭鬧口舌之應百日三百日内進商音人田地東方牛馬自損大發

月奇到兊有執杖女人自東来抱孩子與羊鬪之事又為妓女歌聲銀匠鑄造之應並小兒哭聲及鼓聲七日進鉄器百日一年内進人口田地坤艮方上有老人死即發

星奇到兊有文書之事與合婚之喜及魚罟之應並黄白飛鳥為應一七進血財二七得契田地坤艮方有人卒死大發

三奇之中丁奇最靈若修此方奇門到向可用竹鈕七个燃火前引人夫行四步外滅火即興工必有祥應六丁乃火之精化而成金若到震更明必門奇到震愈吉用者尤宜審焉

乙加中

為種菜栽樹伐木男女相通或宅土築墻與做瓦器之事

丙加中

為修墳造窨填塞道路與人捧令喜悅之事

丁加中

為女掌家或燒煉之人與紙墨詩画之事

三奇赴應 此為動應

甲子乙丑

乙長蛇當道有孕婦人

丙微雨后逢孝衣人

丁水族中物及蛇鼠

乙輜衣人官貴

丙寅丁卯

丙水族中物漁獵人

丁黑衣人微雨

乙孕婦猛風

戊辰己巳

丙公吏子母牛

丁山獸物赤頭吏人

乙老嫗水族中物

庚午辛未

丙兇鑿人金寶物

丁秃頭人兵器物

乙巫人微雨

壬申癸酉

丙群鴉老婦

丁二三馬牛背人

甲戌乙亥

乙僧道物外人商旅
丙竹器車馬
丁舟車一男一女同行

丙子丁丑

乙血光人巫匠人
丙磁器孕娠
丁赤頭吏人蛇鼠

戊寅己卯

乙旌旗子母牛
丙黑衣人群羊
丁群馬黑云飛
乙竹器老嫗

庚辰辛巳　丙舟車群人
丁孕婦車馬
乙黑衣捕盜人
壬午癸未　丙了頭童子金銀器
丁紅雲醉人
乙青衣婦人猿猴
甲申乙酉　丙僧道物外人商旅
丁公吏孝服人
乙疾風人
丙戌丁亥　丙官員車馬寶物

戊子己丑
丁負担人孕媍
乙射獵人白雲
丙竹器群鴉飛集
丁狂風當道

庚寅辛卯
乙赤頭吏人黑衣人
丙車俱三四匹馬
丁禿頭人一男一女

壬辰癸巳
乙丫頭童子微雨或狂風
丙水族中物猛風
丁朱衣人老嫗

甲午乙未

丙申丁酉

戊戌己亥

乙

丙

丁

乙鉄衣人孝服人

丙黑衣媍人

丁磁器物頂笠人

乙紅雲紅光起遇貴

丙甲冑人群鴉飛集

丁物外人水旗物

乙紫衣人旗鎗

庚子辛丑

丙轎乘白雲起氣
丁黑衣人猿猴
乙公吏舟車

壬寅癸卯

丙孝服人——
丁兵刃器寶貝
乙朱衣人貴人

甲辰乙巳

丙射獵人牛馬物
丁禿頭人兵刃物
乙蛇當道孕婦小兒

丙午丁未

丙黑衣人血光人

丁群鴉飛噪赤頭吏人
乙刑人捕盜人

戊申己酉
丙寶物猛風后有雨
丁聾瘖人毛衣人
乙樂器疾風

庚戌辛亥
丙宰殺人捕吏
丁負荷人車轎
乙紅衣紅光起黑衣婦人

壬子癸丑
丙丫頭童子乘馬人
丁輔吏紫衣人

平陽子[illegible]氏撰

甲寅乙卯

乙轎乘兵刃物
丙樂器公吏人
丁緋衣人甲衣

丙辰丁巳

乙群羊刑人
丙兵刃物牛羊
丁竹木孕婦

戊午己未

乙鐘鼓金玉
丙旌旗秃頭人
丁貴官色衣人
乙僧道老媪

庚申辛酉　丙兵刃物牛羊棺槨

丁子母牛孕婦

乙死氣物微風后雨

壬戌癸亥　丙刑人血光人一男一女綠衣人

丁頂笠人猿猴鳥噪

三奇神應取直符前一位八卦宮中所臨之奇以驗其尅應

經曰陽遁順行前取用陰遁逆行后取用假令陽一局日甲子直符在三宮是順取用令丙奇在四宮即月奇到巽来應時中三奇在直符位上為時初在前一為時中前二位為時末也

奇門天干論

甲干論

姓王字文卿隸寅木而統震位寔乃十干之首為開物成務之原扶桑之木乃昧爽呈象之始其為寔也勁其為性也直其為色也青其為味也酸其為聲也濁其為体也方與長有胎胚含蓄之情其為用也萌與動有開展作為之力本無枝葉根蒂得時令可以作棟樑柱楗若逢生旺太過反為漂泊無依失時令為廢蠹斷材尅戰太過為朽腐破折本有動之体而無動之机有可造之材而無自成之量蓋由其自負元龍而于世故尚未親切耳

甲為青龍利遠作事客勝

午時五不遇甲加乙二龍相杭凶甲加丙青龍返首甲加戊青龍
受困甲加坤及未時青龍入墓
主頭目風疾肝氣之症
甲戊加乙青龍入雲格
主得同人之好帮助之機凡事主客皆利若逢門宮迫制則相机
之嫌須論上下之分以辨主客之用可也
甲戊加丙青龍得明格又為青龍返首格
主有文明顯達之意窰灶修理之情凡宮門無尅期諸事大吉門
尅宮利客宮尅門利主諸事費力而成又主有土木動作之意宅
含光輝之美又為父子榮登之象凡宮門無尅諸事進益有不謀

自就之好若門尅宮戰不利主宮尅門戰不利客再分生旺衰墓
明主客之用可也

甲戊加丁　青龍耀明

主得暗助之美又為迅速之机門宮相生諸事大吉門宮相尅諸
事反復又當察旺相以分主客也

甲戊加戊　青龍入地

主有迴環展轉之意進退未決之情如臨生旺得令之時方顯經
綸謀為之用行事大吉如逢失令則百事遲疑為偃蹇愁嘆之形
戰則再詳門宮迫制以論主客之利

甲戊加己　青龍相合

主有幣帛婚媾之喜室家敦厚之情若門生宮或比合百事吉謀遂若門剋宮好事嗟跎有始無終

甲戊加庚　青龍持

主有採驪龍而得珠入虎穴而取子之情若門生宮或比合諸事吉剋制則察旺相得令再分主客之勝負

甲戊加辛　青龍相侵

主諸事阻滯不通若門宮迫制看戊辛衰旺以分主客若門生宮及比合主利主而諸事平常

甲戊加壬　青龍破獄

若門剋宮為客吉若宮剋門壬臨得令之時戰反利主諸事耗散

無后察生旺休囚論主客

甲戊加癸　青龍相和

主首尾無濟隱明兩途相比諸事大吉若門宮魁制成中見破詳戊癸之囚旺以辨主客之吉凶也

乙干論

娃龍而字季卿隸卯而攝震氣寔乃甲木之稱手為開元之發端而其為質也閏其為性也曲其為色也碧其為味也酸甘其為聲也婉轉其為体也柔與嫩有繁衍生發之情其為用也參與差有長短曲直之别儘堪矯柔造作得時則富麗繁華失時則枯朽黃須有可貴之質而不能自貴大約求直則直求曲則曲貴之則貴

賊之則賊盖由其具品純柔而于世道惟知附會向榮耳

乙為日奇宜從天上六乙方出巳時五不遇乙加辛乙臨坤乙入乾諸事莫舉

乙為天德乃水之華陽之精其神尤光明正大逢生旺作事宜顯揚衰墓宜斂藏

乙加震　玉兔乘風吉

日奇臨有祿之鄉升于乙卯之殿又曰升天凡事漸漸興發主上官請謁迎駕婚姻安塟覓利出行求名征伐百事大吉

乙加巽　玉兔乘風

日奇玉兔臨神風之地乃升殿于中天照映四方秋毫之察諸事

顯揚大吉戰征大勝

乙加離　玉兔當陽

日奇玉兔臨生旺之地又曰當陽宜顯揚戰兵大勝作事亨通利于煉丹藥學道修真之事

乙加坤　玉兔暗日

日奇臨于未坤為胎養之宮漸入于地其光將暗事宜收斂固守防奸細暗欺為事阻隔而且曖昧不明下不上達負屈不伸之象宜后則重見光輝

乙加兑　玉兔受制

日奇入于酉宮為之咸德收斂諸事不利戰宜防守若合吉格久

后禎祥如逢凶格永為灾否强行兵主客大敗一旦啚謀必遭刑
厄非灾

乙加乾 玉兎入林
乃玉女朝天門宜上官遠行築造凡事大吉

乙加坎 玉兎飲泉
乙入生鄉又曰父母相逢不能自立百事遲緩

乙加艮 玉兎步青
乃玉女昇堂又曰旺方百事太吉啚謀全勝

乙加乙 奇中伏奇格
凡伏吟與飛而復伏皆宜堆積栽種等事若遇刑門再詳門宮迫

制以分主客之用

乙加丙　奇蔽明堂

有先明后暗之局聲勢不久之情門宮相生再乘生旺諸事顯揚休囚暗昧阻滯

乙加丁　奇助玉女

有遲中得速之妙陰人扶助之情門宮相生大利為主尅制娼人多灾須詳門宮生尅用之

乙加戊　奇入天門

有利見大人之局依尊附貴之情再詳門宮生尅旺墓分主客之用諸事大吉

乙加己 日入地户

有姑嫂相見之情農人耒耜之象相生主客皆利尅制不利為主再看門宮生尅以用之

乙加己逢開門 地遁格

是得日精之蔽内應于脾外主于形又曰黃婆金公宜安塟修墳遁形隱迹修仙學道伏兵取勝若逢此時當請本旬玉女符呪作法步罡而去則百戰百勝有神威之助

乙加己 三奇得使

大利為客若宮門相生萬事皆吉一切行為無阻若門宮尅制再詳主客用之

乙加庚　奇合太白

有用柔制剛之意婚姻合和之情相生主客皆利尅制須分旺相以辨主客之用可也諸事主吉

乙加庚在巽又逢開門　風遁

此時宜祭風興雲更利火攻得神化之助若此之時祭神取氣噴旗號或托異香令士卒聞之念本旬玉女符呪用火順風擊之大勝

乙加辛　龍逃走又為得使

宮門相生為主大吉有吉中之吉百戰百勝若宮門相尅有逃走之情

乙加辛逢生門臨艮 虎遁

宜招撫叛逆設計取勝請本旬玉女符呪步罡凡事大有威力得
虎威之助

乙加辛在坤逢開休生 雲遁

宜藏形蔽迹祭祀鬼神禱雨興雲起霧轉風如有急難請本旬玉
女破雲生霧取氣作用當有雲氣之蔽

乙加壬 奇神入獄

彼此俱宜固守再詳支干生旺宮門尅制以分主客之勝負

乙加壬在坎遇開休生 龍遁

宜立壇禱雨淹敵計量積水冲陣或水戰穵河開井新船下水等

事呼本旬玉女符呪當有龍神之助

乙加癸　奇逢羅網

主隐明就暗凡事閉阻之象門宮相生彼此尚為得吉尅制而又臨墓絕之地諸事遲滯艱難其主客以門宮上下較之諸事先耗財而后得意

乙干真言

天地感神誅滅鬼賊六乙相扶天道贊德吾今所行無敢不克白虎蹲踞青龍踴躍前遮后護尊克存納仁德洋洋太虛寥廓天乙追攝萬祥俱作急急如律令

丙干論

姓唐而字仲卿隸午火而轄巽位以作甲符之健將著赫奕之文
明其為質也虛其為性也烈其為色也紫其為味也辣苦其為聲
也蒼雄其為体也褁與復有威福自作之情其為用也抑與揚有
展轉變遷之勢難以干犯欺凌得時則勢焰輝煌失令則形質呆
槁有可大之材而不能有恒大約激之則升有始無終撲之則滅
盖由其剛愎自用而于世故惟好承奉趋附而已
六丙乃明堂天威宜施恩佈德彰動威福解壓凶災經曰丙火銷
金強梁畏伏不知六丙出迷惑作事宜從天上六丙旺方而出則
彼人自敗辰時五不遇丙加庚令熒入白赤松子曰熒惑入太白
上下相擊剥內往外滅以譊賊陷又丙丁值為悖火星熒熒大屋

移徙得安然獨自聞愁哭又丙加時干爲悖格格者關格不通之象丙加直符名飛鳥跌穴此時作事舉造大吉以生擊死可以取勝丙奇臨六及戊時入墓丙奇臨坎火入水池萬事莫舉

丙加震 月入雷門

奇入父母之鄉萬事大吉

丙加巽 火行風起

臨有祿之鄉又曰火之風門再得生氣大吉

丙加離 帝旺格

奇入本鄉又曰升殿但除子午二直符不可急用其餘四符用之大吉

丙加坤 子居母腹

入子孫宮盛德收藏子息伐事凡事遲緩

丙加兌 鳳凰折翅

陽入陰宮和合暗昧凡事遲延之象

丙加乾 光明不全

奇神入地不宜明顯行事只宜暗昧

丙加坎 癸生之格

奇神得地其光明灼著凡事漸亨

丙加艮 鳳入丹山

艮為鬼道有火照臨凶厭必散乃奇入丹山鳳凰入林百鳥來朝

萬事大吉

丙加乙　月照蒼海

有龍鳳呈祥之美文明赫弈之象門宮相生彼此大利尅制必有一傷須詳時日支干上下休旺以辨主客之利鈍

丙加丙　二鳳和鳴

有勢焰輝煌之象似文人交友之情門生宮旺彼此和同時日休囚有始無終

丙加丁　星月輝光　逢生門亦為天遁

有燈市觀妓之好佳人才子之情門宮相生萬事顯揚尅制防烬滅再以宮分詳休旺可也

丙加戊逢生門天門為天遁 加直符又為跌穴奇逢重生格

主客大利詳日時干支門宮生尅而用又天遁有王侯之權威鎮天下之象宜上策獻書求賢謁貴修身學道剪惡除邪當請玉女作事得月精之蔽再立華盖方上百事皆吉

丙加己奇入明堂加直符為跌穴

有出美遷喬之喜又為隱明就暗之象化事欲速不能恩中招怨乍生乍凝務詳丙己所臨之宮生旺定主客勝負

丙加直符之己 飛鳥跌穴

大利客勝任其往来諸事皆吉再詳所臨之宮看休囚旺墓以分主客之勝負

丙加庚 熒入太白加直符又為跌穴

主客大利門宮相生諸事可謀門宮尅制須詳丙庚所臨旺廢分主客大約諸事守舊不可妄動如占賊盜奸宄則為消滅之象若自作孽則為招殃

丙加辛 奇神生合加直符為跌穴

有恩威並濟之美禮義投合之情門宮相生凡事有就尅制調和不成詳上下時令以分主客用之

丙加壬 奇神遊海為跌穴

諸事雖吉但防不寔惟求名宮訟吉戰利于為主詳丙壬所臨休旺以分主客之勝負

丙加癸奇逢華盖加直符為趺穴

諸事得吉名利有成詳丙癸所臨生旺以分主客丙奇所領之星能制癸宮則利為客如丙奇所臨之宮尅丙奇之星利為主凡言主客皆以此斷為要訣

丙干真言

吾德天助前后遮羅白虎在左朱雀導前使吾會他六丙除疴天威揚威玄武后隨玉彩搖曳熒惑流輝神光照耀太白成瑞六丙来迎百福悠歸急急如律令

丁干論

玉女姓李而字遊徃統巳火而攝未位是為甲干之陰神有内助

之德可以排君父之難可以督符信之權其為質也婣其為性也順其為色也淡紅其為味也爽快其為聲也清亮其為体也秀而揚有寃寃順適之情其為用也便而捷有輕重合宜之致得時則能消鎔暴戾失利則為窮愁呻吟幽人嫠婦如投其机則似可狎如當其銳則不可攖蓋由其賦性柔險可用而不可測耳三奇之中惟丁奇最灵丁本火之精化而成金宜隱謀蜜計私約交通隱形遁迹卯時五不遇丁入乾及艮丑時為入墓入坎火入水池諸事莫舉

丁加離　玉女登堂

臨有祿之鄉凡事顯揚之象但到離乘旺而火焰飛騰能銷爍萬

物爆燥不常凡事虛防詐

丁加坤 玉女遊地戶吉

有子母相見之情遲中得速之妙當有陰助事宜暗啚宜伏兵冲敵而取勝

丁加兌 二女穿珠

有爭妍妒寵之情嘻笑昌和之象然丁奇到兌火犯金旺之鄉可凶可吉雖入生氣之宮諸事顯揚易成亦須奇神得令為可用

丁加乾 火照天門又名玉女遊天門

凡事利于私暗計大有神助之妙

丁加坎 朱雀投江

丁入壬癸之鄉乃威德收藏之際凡事靜守得吉戰宜固守伏兵

丁加艮　玉女遊鬼戶

丁在艮其光不顯事主遲滯憂疑之象又為入墓凶

丁加震　玉女入雷門

事有虛驚宜于收斂

丁加巽　玉女乘風

凡事顯揚謀為順利若當旺方戰勝

丁加甲　玉女寄生

凡事大吉丁己各有生旺之時須詳門宮迫制以分主客

丁加乙　逢太陰生門人遁逢九天開休二門為鬼遁

宜採訪賊情偷劫伏匿等事宜祭巳賑孤驅鬼遣神攝神祭煉請
本旬玉女符呪作用得鬼神之助又得星精之蔽

丁加丙　奇神合明
百事吉慶大有施為丁丙所臨生旺衰墓門宮迫制分主客論

丁加丁　奇神相教
凡事雖吉恐有相爭知机牆圖宜于先舉得意利于為客若逢伏
吟宜收貨積粮置炉作灶煉丹等事

丁加戊　玉女乘龍
萬事大吉所爲皆利須查丁戊門宮生墓以分主客

丁加己　玉女乘鬼

凡事如意情投意美私心春懸須看丁己所臨生墓門宮迫制以

辨主客之動靜

丁加庚 玉女刑殺

凡事難以强啚其中必有反復若庚臨生旺之宮事有勢而成戰

當利主須詳門宮尅制生墓以分主客

丁加辛 玉女伏虎

求謀不利凡事艱難雖利為客宜入旺鄉詳門宮以分主客

丁加壬 玉女乘龍遊海加直符為得使

有福來迎萬事皆亨貴人和合淫佚私情主客俱利營謀可成須

詳丁壬所臨上下門宮生尅以定主客之利

丁加癸朱雀投江加直符為得使

凡事不利文信遺失彼此猜疑凡丁主動癸主靜未免動靜激搏
生死關頭詳主客之生墓知主客之雌雄

丁干真言

天帝弟子部領天兵賞善罰惡出幽入冥來護我者玉女六丁有
犯我者自滅其形玉女靈神太陰淵默華蓋靜復我形不惑我氣
浩然悠然寰域六丁道前善福來格急急如律令

波吒羅波都羅禪微那陀濯那摩泥羅和闍那

仁高護我仁貴護我仁和助我仁修管魂仁恭管魄仁敬養神太
虛華蓋地戶天門吾行禹步玄女真人明堂坐臥隱伏藏形急急

如律令

戊干論

論加宮干斷見前甲干篇內

戊神天武司馬羊胎坎宮治巽位司中氣而協勾陳尊同六甲有保障之威權攝六丁神變化之用其為質也烈燥其為性也耿介其為味也甘辛其為聲也雄剛其為体也澁而滯有堅執自高之志其用為也鹵而粗有不尷不尬之情得時則雄豪果敢失令則柔蠢癡愚蓋由其賦性蹶拗可化而不可制耳

戊為天門凡面君宜從天上六戊行呼請本旬玉女去大章

己干論

姓季而字遊御胎離宮而隸未位守中氣而配勾陳德堪擬坤有

載承之義權堪化甲有經濟之能其爲質也博厚其爲性也坦和其爲味也甘辛其爲聲也婉切其爲体也沉而靜有包含忍耐之象其爲用也剛與柔有安舒幽貞之情得時則陶溶品彙失令則抱質堅持蓋由其秉性寬宏不凝滯于物而能與世推移耳

六己乃明堂六合神又爲地户一切事不宜丑時五不遇

己加乙 日入地户

凡事暗昧難啚主有蒙蔽侵犯之意再詳己乙所臨生墓門宮迫制以分主客

己加丙 地户埋光

有火炎土燥之象恩中成怨之情凡事跙屈難伸先暗後明之意

利于為客再詳生墓門宮分主客之利

直符己加丙為青龍返首

凡謀有益諸事有成大利為主然丙臨生旺之宮則生机可就啚為顯揚戰宜攻勦臨衰魁事反暗昧宜于密啚兵以暗機取勝詳門宮生墓分其主客

己加丁 明堂貪生

凡事雖吉先貴后益暗中生扶大利為客逢午未入廟詳丁己生旺門宮比迫以分主客

己加戊 明堂從祿

萬事大吉喜忻重逢己戊若臨生旺之時門宮得生助之吉主客

皆利

己加己　明堂重逢

凡事自屈難明進退不決則宜固守静中得合若逢伏吟則宜積粮草開田添土築塞等事

己加庚　明堂伏殺

凡為利主諸事有益再詳所臨生廢以分主客

己加辛　天庭得勢

凡事喜悦兩意相投凡謀進益更利為主其臨生旺得祿之宮更詳門宮迫制以分主客之利

己加壬　明堂被刑

百事無成參商各別須查己壬逢時下之生旺以分主客之利

己加癸 明堂合華蓋

凡事反覆難成啚謀齟齬拂意詳己癸所臨生旺以分主客之用

庚干論

鄒姓而字元陽隷坤宮而統申位德併白虎掌殺伐之權威振西方懐戰鬭之志其爲質也剛勁其爲性也急銳其爲味也辛辣其爲聲也雄尖其爲体也梗直有慷慨激烈之謀其爲用也暴戾有果敢勇往之力得時乘掃蕩之威失令同廢棄之質可柔以化之不可剛以制之蓋由其具品執拗惟願屈人而不屈于己子時五不遇萬事皆凶病主肺經大腸

庚加乙 太白貪合

凡事大吉所為皆順再詳庚乙所臨生旺之時門宮迫制以分主客之利

庚加丙 太白入熒加得龍返首

凡事雖吉費力方成利于為主必庚廢刑若乘旺氣主反拂情再詳門宮生尅以分主客

庚加丁 太白受制

凡事不利有更改叮嚀之象刑戰疑鬧之情事多反復若奇臨生旺可以用柔制剛若庚儀臨生旺則為暴客雪主再詳門宮迫制以分主客

庚加戊（太白遊恩）

凡事先迷后利先損后益之象陽時利客須詳庚戊所臨休旺門宮迫制以分主客

庚加己（太白火刑）

凡事不吉惟宜守舊陽時利客詳主客分勝負

庚加庚（太白重刑）

有英雄未遇而自作憤激之情不能傷人而轉為自刑須詳門宮陽陰參斷主客也

庚加辛（太白重鋒）

有兩强相持之象以剛伏柔之情凡事必有爭論之端陽時利于

為客詳生旺以分主客

庚加壬　太白退位

凡事有益只宜斂跡利于為主事多疑惑詳生旺以分主客

庚加癸　太白刑融

凡事不宜人情悖逆謀為多阻須防不測陽時利于為客陰俱不利須詳生迫以分主客

辛干論

高姓而字子張隸酉宮而攝位氣同白虎掌肅殺之權威位振西方宣白帝之政令其為質也芒銳其為性也柔剛其為味也苦辣其為聲也鏗鏘其為体也沉靜如錐處囊中其為用也堅耐似玉

平陽子

出現得時則黃鐘振响失令則瓦缶混淆蓋由其具鵾鵬之翮必待秋風方能扶搖而直上耳六辛白虎天庭經曰能知六辛往来皆吉不知六辛災害臨身凡事不利酉時五不遇占病主風痰胸膈之症婚姻更凶

辛加乙　白虎猖狂

有走失破財之事與逃亡隱匿之情所謀難就若辛乘旺而乙逢生反可得財詳門宮生尅以分主

辛加丙　天庭得明

有威權作合之情炉冶錢谷之事凡事吉昌更詳休旺以分主客

直符辛加丙為青龍返首

凡事吉慶所謀皆成大有權勢之意而陶鎔煆煉之情得令相生
主客皆利反此別斷
辛加丁　白虎受傷
凡事有始無終內多耗散惟利求名宮訟若門生宮宮尅門大利
為主如門尅宮丁臨衰墓只宜固守
辛加戊　龍虎爭强
凡事不和求謀不利詳門宮墓以分主客
辛加己　虎坐明堂
凡事費力方成利于為客門宮生喜
辛加庚　虎逢太白

凡事反復爭論羈留遲延驚疑若門生宮宮尅門又庚臨旺祿利于為主

辛加辛　天庭自利

凡事自敗有勢難行進退狐疑柔奸無用門生宮利主值伏吟宜演武士藏威斂迹以防內變

辛加壬　天庭逢獄

凡事不利所謀難成須防脫詐隱昧憂生詳門宮生休以分主客

辛加癸　鳥投羅網

凡事有就謀事有成但先塞而后通先遲而后利詳門宮以分主客

壬干論

任姓丙字祿卿隸乾宮而治亥氣其為質也潤其為性也淫其為味也鹹其為聲也洪其為体也圓活有磊落不羈之情其為用也流通而有汎濫無常之勢得時濟物利人無能方其才調失令則防病國不及察其潛沉蓋由其賊性柔險可與同患難不可與共安樂宜伏機暗藏思謀遠慮占病脾胃眼目耳甚之症申時五不遇加子為地綱遮不可遠行一切皆

壬加乙　日入九地

凡為不利謀多驚詳生休尅制以分主客

壬加丙　天牢伏奇

凡事不利求謀多凶詳門宮分主客論之
直符壬加丙為龍返首
凡謀得吉貴助禎祥分主客論之
壬加丁 太陽破獄
凡事有阻謀為暗昧分主客論之
壬加戊 青龍入獄
凡事有始無終官訟求名得吉分主客論
壬加己 天地刑冲
凡事不利求吉得凶分主客定之
壬加庚 天牢依勢

凡事虛耗難成未免驚疑反覆分主客論

壬加辛 白虎犯獄

凡事憂驚每多反覆分主客論

壬加壬 天牢自刑

凡事破敗諸謀不利詳得令失令以斷動靜

壬加癸 陰陽重地

凡事不宜啚謀計穷分主客論

癸干論

管娃而字子光隷坎位而通五宮其為質也重其為性也燥其為味也濁其為聲也亮其為体也慈厚有飢寒由己之情其為用也

平陽子古氏

淺陋無包藏容蓄之險得時則從龍變化著赫赫之名失令則伏
櫪長存恢恢之度盖由其賦性廢直惟知排難解憤而不知察奸
防險耳
六癸乃華蓋宜逃避凶咎埋伏隱遁求仙凶暗不明之事其餘皆
凶病主耳腎下元之症未時五不遇癸臨時干為天網

癸加乙 日沉九地

凡為有益陽貴相扶或暗中生助但遲疑不速詳生廢分主客論

癸加丙 明堂犯悖

凡謀阻滯事有變驚分主客論

直符癸加丙為龍返首

事皆吉慶謀幹稱心察生旺定吉凶

癸加丁 螣蛇妖嬌

凡事不宜求吉反凶利為客更詳主客論之

癸加戊 青龍入地

凡事雖吉宜陰謀私和亦有恩怨交加之象詳生廢分主客論

癸加己 華蓋入明堂

凡事雖吉不無耗費諸事勾連每多揆度之意又為隱蔽私匿之象名訟得利利于為主分主客論

癸加庚 華蓋受恩

作事刑害求謀無益雖為相生未分睽隔分主客論

癸加辛 天綱冲犯

凡事雖吉費力方成分主客論之

癸加壬 天綱復獄

凡事不利且無定見上下蒙蔽暗昧難啚分主客論

癸加癸 天綱重張

凡事重重閉塞抑屈不伸宜于暗中啚謀隱伏私通若伏吟宜收
粮積水通溝開渠

干支合變論

子合丑寔丑合子處二合化土為關房之合夫婦之義也

寅合亥破亥合寅就二合化木為生洩之合父子之義也

卯合戌新戌合卯舊二合化火為規矩之合兄弟之義也
辰合酉親酉合辰離二合化金為投托之合朋友之義也
巳合申信申合巳疑二合化水為合影之合僧道之義也
甲己化土田園之土情同夫婦中正之義
乙庚化金簸飾之金情同將士有恩威之用
丙辛化水凝膽之水情同君臣為勢利之交
丁壬化木勝羅之木情同朋友為淫訛之局
戊癸化火焔燥之火情同僧道為妬忌之嫌

十干互用

六甲加申必是財當門門合喜信来若門不合終難望吉星門合

野陽子訂氏[illegible]

喜旺財
六甲加乙合二龍門合開休生貴人吉星同入大財發若門不合
事不成
六甲加丙龍返首當時合門財利有大吉星合貴加官門合進喜
不合否
六甲加丁龍更臨門值開休生貴榮吉星偽合官受祿凶符同加
訟陰人
六甲加已名干格求用吉星財利多星門不合終是吉大來必望
自磨羅
六甲加庚龍入刑吉星才合損才人凶星相同將軍忌遠遊失利

淹路塵

六甲加辛青龍驚當用合門萬事稱凶星不合開休生縱得財時

終是輕

六甲加壬龍陷羅陰人用時殃不多弱門陽人不煩用破財無成

渡江河

六甲加癸青龍盖門合吉宿無灾害若凶殃陰人死狀破財奸詐

各防礙

六乙加甲陰反陽凶星財破人損傷陰人當門求財合貧賤陽人

有文章

六乙加乙奇伏刑責人當開失其名門合失祿終再得切忌常門

平陽子奇氏[illegible]

死傷頻
六乙加丙順儀奇合之吉星貴人宜受官見擢宜上貴當問常人
夫婦離
六乙加丁墓朱雀宮詞文狀利財多少木微火元水究無財口舌
私事縛
六乙加己奇入墓為木為土相交互見財門合終是微望財不成
終相悞
六乙加庚奇入刑爭訟私財獄囚人星門不合破財禍相爭夫婦
主私情
六乙加辛青龍走失財逃亡課內有夫財婦帛俱不合總然强得

非長久
六乙加壬是返吟次客常令実害臨陽人失財自無害床中病者
是陰人
六乙加癸奇入網陰人望夫道路傷失財不至門不合吉星門合
事無妨
六丙加甲鳥跌穴共甲相加定無差營貴求信勤失祿財合印信
即利着
六丙加乙奇伏吟貴人求信事有成並有印信增其祿求文印狀
不輕輕
六丙加丙二奇同兩重文字遭刑厄名合爭財利訟起若門不合

下 陽子

只因色
六丙加丁三奇同朱雀文書同貴人有貴有權兼有綬常人問者
求入籠
六丙加己勃入刑貴人門合獄因人貴人門合空見禁常人妻小
落軍門
六丙加庚熒入白破財盜物災禍來將物賊人心自退空見賊人
不動財
六丙加辛干合支災人久病遇明師詞訟見官終是利病合文字
正當時
六丙加壬天勃臨官訟文書起女興勃是心煩因色動常人入獄

貴逢刑

六丙加癸益師屋用着多灾仍少福勃師鬼賊因詞訟未見公方
終是伏

六丁加甲奇乘龍貴食千鍾萬事榮為事亨通無阻礙常占時合
祿財充

六丁加乙名奇遁萬事偏宜人不問常人占此必官致祿受權權
合天祿

六丁加丙干合多重重口舌事多羅貴人印綬權重過常人刑禁
見妖訛

六丁加丁奇大陰學道求書宜遠過門重朱雀履家風近覓難逢

為伏吟

六丁加己雀難陳詞訟公私共娼人白奸勾陳陰情事常課其人
必被刑

六丁加庚女陰私不是私情為財資相纏夫事遭刑禁貴人無理
為狂愚

六丁加辛朱雀獄官私口舌災相逐常人主事遭枷禁貴者失官
並退祿

六丁加壬名干合丁壬相遇喜財豐貴人印綬當權利文狀公私
事不通

六丁加癸雀入江隱人詞訟起災殃不和一定不明事爭婦貪淫

致禍傷

六戊在局

六己加甲二龍合吉星門合財源利求官問利多和喜公事無妨定入門

六己加乙成小明堂合門時事平門合吉星財不測若門不合客登程

六己加丙孛師推陰人受官祿加時門合六陽太陰忌色乱奸狂為小兒

六己加丁墓奇名朱雀文書與訟刑吉星相合宜先訟宜還后吉獄囚臨

六己加己尸刑鬼望信陰人信不明門合遠謀求望得若門不合信非成

六己加庚伏有刑陰人占陽实禍隨若門不合莫堂筵陽人門女有陰私

六己加辛墓魂井家内陰人聞泣聲門合小兒小实禍若門不合禍非輕

六己加壬刑羅張陰私纏擾見陽傷凶門奸詐失身課暗門難明五位當

六己加癸爲玄武陰人沉陷爲实醜吉門虛实見不成若門不合應殃咎

六庚加甲格青龍受財必利利多驚凶吉不合開休生求財空見
事難成
六庚加乙日奇干乙庚合后小車安若門同星為事吉凶事加臨
事入官
六庚加丙白入熒當門遭賊失賊凶門合吉星財不失切忌凶星
刑尅冲
六庚加丁格亭亭爭人詞訟有私情吉星門合虛官事若門不合
損人刑
六庚加己名刑格獄内遭因人刑厄吉星門逆死囚禁門順吉星
虛情色

六庚加庚伏格星當門官灾牢獄情門合百日看灾受凶曜臨時
囚禁刑
六庚加辛干格虎當來合時爭客至門合生論客必傷路占中道
失伴侶
六庚加壬蛇格併占信陰人路難望傷門死路二門傷門合得見
陰合旺
六庚加癸名天格占路出遠囚疾厄星門不合休望事求財失利
多思賊
六辛加甲青龍陽從訟爭財陽不妨人門逆必凶星損門損吉星
利陰陽

六辛加乙虎猖狂失財破賊人死亡路行十里看門順門合凶星
當路防
六辛加丙干合熒文狀官生見者榮吉星不合處無事切忌當時
見者人
六辛加丁獄入刑文字官私入路迷合門宜先鼓擊動門逆凶星
夫婦離
六辛加己刑獄格奴婢傷主如凶戰門合奴婢遭宮刑門傷傷人
必立見
六辛加庚干合格兩門相鬪爭天色門合家訓無宮刑凶星門爭
逆危厄

六辛加辛獄自刑求喜合財宜陰人門合吉宿陰陽論陽人門凶
灾禍臨
六辛加壬蛇格獄雨男争女陰疫灾凶星獄内不刑尅陽火陰凶
必禍来
六辛加癸刑自益陰人用財無失害吉星門合宜陽事陽人財喜
陰人愛
六壬加甲蛇青龍陰人求喜在門庭若門不合求空見陰人求喜
終是輕
六壬加乙蛇小明陽人伏灾貴人生奇門貴子必天祿若門不合
損無刑

六壬加丙蛇熒惑文詞爭論似風雲門合吉星宜先用凶星入獄
主突迍

六壬加丁午谷星爭財文狀利陰人吉星門合喜文字小者平常
利祿臻

六壬加已大出星熒禍官私事不明門合吉星見不吉若門不合
夫婦爭

六壬加庚並格蛇占名如羊入虎穴凶星合門夫婦出陰人合門
與陽別

六壬加辛蛇入獄暗裡陰人無説處門合星見凶突失若門不合
凶遠路

求善緣

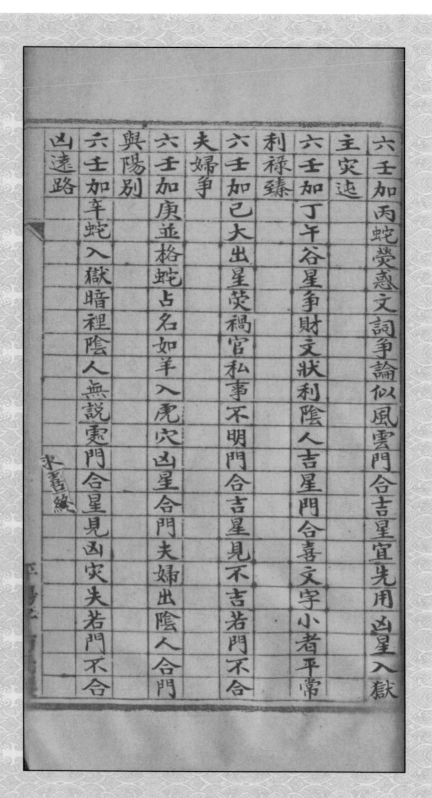

六壬加壬門羅網陰人求財多財利門合不測暗才喜陽用陰和
失道理
六壬加癸雙蛇蓋門逆不合他人愛室女占時事須恠門合他人
空喜在
六癸加甲青龍旺財合親成宜陰人門合陰陽俱無用若門不合
陽損身
六癸加乙合逢星星貴宮常財不輕門合貴人多印綬凶門常人
才哭聲
六癸加丙蓋其列貴人受官神且悅門合吉星宜印至常人文狀
失本業

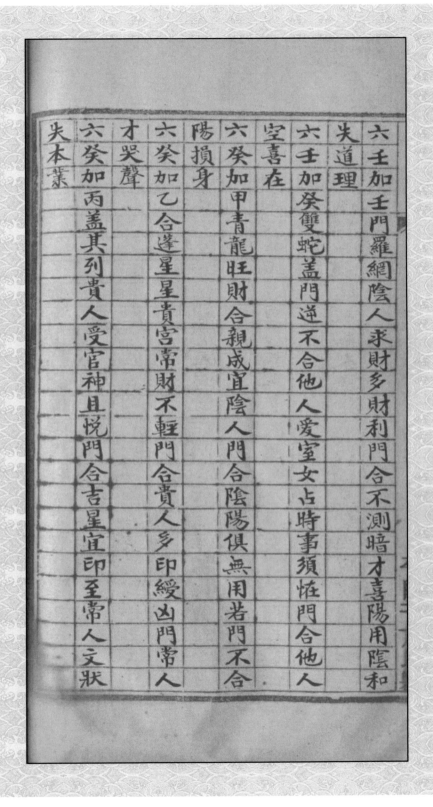

六癸加丁蛇夭嬌陰人文詞遮凶曜門合不定災伏事損財遭刑
課先兆
六癸加己蓋蛇戶陰人門合失親住門合吉星夫婦宜門逆夫妻
天乙路
六癸加庚大路翻不宜常人宜貴官門合宮受兵權印門逆貴賤
事多艱
六癸加辛獄並牢禁軍公戒與吏遭門合欲事空自禁門庭災訟
必煎熬
六癸加壬復益蛇陰人無夫子孫絕門順星合須后嫁陰人旺妻
與陰別

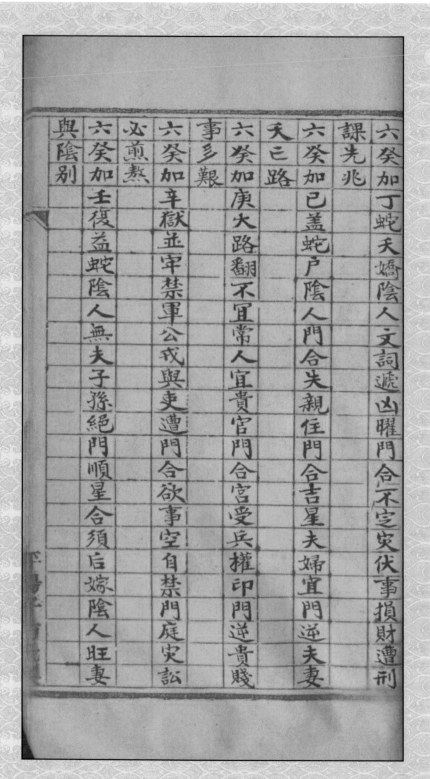

六癸加癸四綱張陽人巳旅並失鄉門順星合文字到若門不合
陽人傷

十干尅應歌

六甲歌曰十干尅應有玄微一一皆從時位推六甲貴人端正好
甲為天福吉有餘　陰日青衣婦人陽日青衣男人主三年內得
天祿大吉

六乙僧道九流醫　乙為天貴主高賢陽為貴人陰為僧道或赤
頭白衣使者

六丙乘龍見赤白　丙為天成行逢持弓弩斧騎赤白馬人著青
衣人應

六丁玉女好儀容　丁為玉女陰日為女子物色陽日見陽人或
大女人二十七日內有古器進大吉
六戊旗鎗並鑼鼓　戊為天武陽日鑼鼓旗鎗陰日親友歌樂罕
年內得武人財寶
六己黃衣並白衣　己為明堂陽日黃衣人或又逢州縣守牧陰
日白衣人一男一女或年內得人財
六庚喪服並兵吏　庚為天刑陽日兵吏罪人扭鎖陰日見孝子
白衣人四十九日有貴人文字來應
六辛禽鳥並鴉飛　辛為天禽主飛禽陽日白衣人陰日見飛禽
主一年內得財寶

六壬雷霆雱霏雨　壬爲天牢乃千里雷霆故主雨陰日見皂衣人陽日見白衣人或女人抱瓶主七十日內進人口

六癸孕婦喜忻歸　癸爲天藏陽日見漁人陰日孕婦歸主六十日內得銅鏡爲應大吉

十二支神神名情性數目並尅應定法

子神后其數九其味鹹女虛危三宿主之十二月將玄枵水

子天后天乙彩女家在壬子其將主婦人賞賜姦私之事

子時見女人吃物或酒食等物

丑大吉其數八其味甘斗牛二宿主之十一月將星紀土

丑天乙黃帝之精家在己丑旺于四季其將主貴人官祿珍寶

丑時見皂衣人騎馬或無馬應有貴人

寅功曹其數七其味酸尾箕二宿主之十月將析水木

寅青龍天乙大承相家在甲寅其將主官祿財錢酒食喜慶事

寅時見僧道或官吏之人擔物

卯大衝其數六其味酸氐房心三宿主之九月將大火木

卯六合天乙光祿卿家在乙卯其將主婚姻和合丈夫隱逸之士

卯時見先生或皂衣人四人把棒

辰天罡其數五其味甘角元二宿主之八月將壽星土

辰勾陳天乙將軍家在戊辰其將主兵器爭鬪訟論之事

辰時女人着青衣或手中有物人

巳太乙其數四其味苦翼軫二宿主之七月將雞尾火

巳螣蛇熒惑之精家在丁巳其將主驚恐怪夢凡事不安之象

巳時見漁子或赤体担物人

午勝光其數九其味苦柳星張三宿主之六月將雞火火

午朱雀南方棒騎尉家在丙午其將主文書口舌遠信

午時見担酒物人或女人同行

未小吉其數八其味甘井鬼二宿主之五月將鶉首土

未太常天乙太常卿家在巳未其將主官祿印綬衣服喜事

未時見女人担果或挑酒食物

申傳送其數七其味辛觜參二宿主之四月將寔沉金

申白虎金神凶將家在庚申其將主患病死亡道路出入之灾

申時見飲酒食人或送酒食物同行

酉從魁其數六其味辛昴胃畢三宿主之三月將大梁金

酉太陰金神吉將家在辛酉其將主欺蔽隱匿陰私不明婦人之事

酉時見女人說話或有同伴之人

戌河魁其數五其味甘奎婁二宿主之二月將降婁土

戌天空土神凶將家在戌戌其將主虛詐不實虛驚奴婢奸亡之事

戌時見男子婦人著青衣服大凶

亥登明其數四其味鹹室壁二宿主之正月將娵訾水
亥玄武水德凶將家在癸亥主盜賊遺亡奸私之事
亥時見公訟之事人把孝服等物

三奇吉凶斷

時加六乙與神俱出不知六乙往來恍惚
乙奇吉星臨方得日精之蔽凡攻擊往來逃亡宜從天上六乙而
出所向獲功求財得利聞憂無憂聞喜有喜移徙入官市價嫁
娶吉行一里見君子術士僧道九流人應之不可行譴怒鞭杖
嗔責之事
乙爲天德又名天蓬星此時人君宜施恩惠賞功行吉慶事不知

六乙者乙奇在天盤甲午辛上或臨地盤甲午辛與乾宮不吉
或乙奇值死絕休囚氣亦減福
乙奇到兌謂日出扶桑有祿之鄉又為貴人昇乙酉之殿大吉
到震為玉兔遊宮吉　到巽為玉兔乘風吉
到離為玉兔當陽吉　到坤為玉兔暗日又為入墓凶
到乾為玉兔入林半吉又為木入金鄉凶
到坎為玉兔飲泉吉　到艮為玉兔步青吉
時加六丙敵人自恐不知六丙如入陷穽
又曰時加六丙萬兵莫往玉侯壓伏賊兵不起
丙奇吉星臨方得月華之蔽為威火爍烘以銷金精兵不起從天

上六丙出賊自敗將兵大勝聞憂無聞喜有入官得遷市價得利百事大亨行一里見担牽生氣物人至

丙為天威又為明堂人君此時宜發號施令以彰　天威不知六丙者如丙奇得使臨天盤甲申上又為熒入白不吉或到乾為入墓亦不吉值囚死絕休氣減福

丙奇到離火旺之地為月照瑞門又為貴人得丙午之殿大吉

到震為月入雷門吉

到巽為火行風起龍神助威吉

到坤為子居母腹吉

到兌為鳳凰折翅凶

到乾為光明不全又為入墓凶

到艮為鳳入丹山吉　又艮為為鬼遁丙火爍燃凶

到坎火入咸池凶

時加六丁出幽入冥刀鉅臨頭猶安不驚

又曰至老不刑臨險不驚

丁奇玉女貴神臨方得星精之蔽宜藏匿迯亡絕迹從天上六丁

出隨丁奇使玉女入太陰而藏人不見故曰出幽入冥敵人不

敢侵將兵主勝憂喜各半可以請謁嫁娶及陰私事入官商賈

皆吉行一里見捧物之人應之丁為大陰此時人君宜安靜居

處不可行威

不知六丁者如六丁玉女騎龍虎以丁加甲寅癸上又為雀投江

故不吉到艮八入墓不吉值壬癸休囚絕死滅福

丁奇到兌為天乙之神又為貴人昇丁酉之殿大吉
到震為玉女最明吉
到巽為玉女留神吉
到離為玉女乘旺又為玉女食祿大吉
到乾為玉女游天門又為火照天門大吉
到坤為玉女游地戶凶
到艮為玉女遊鬼門凶
到坎為朱雀投江入壬癸凶

六儀吉凶斷

時加六甲吉慶大發不知六甲被人征伐
又曰時加六甲一開一合須辨上下陰陽交接
又曰能知叁甲一開一合不知六甲六甲盡合

六甲者甲子之類也此六時本是伏吟直符乃天乙之貴人則宜出不動之直符飛動則宜從直符加臨之方出吉不知六甲者悞出擊刑之地則凶有凶星犯之者亦忌無犯無擊刑者全吉甲為天福此時人君宜行恩惠進有徳賞有功又曰甲為青龍利以遠行將兵客勝上官見貴移徙嫁娶百事吉不可行譴怒鞭杖事出行一里見孕婦手執青黃之物應之六甲地下之時陽星加之為開陰星加之為合陽星者蓬任衝輔禽陰星者芮柱心英是也叄甲者甲寅甲申為孟甲甲子甲午為仲甲甲辰甲戌為季甲孟甲宜守家不可出入凶仲甲不宜出大利逃亡季甲百事吉

令日是甲直符又是甲時又是甲日為三甲合吉甚
時加六戊乘龍萬里不知六戊被人阿指又云莫敢阿指凶惡不
起
六戊乃天門也此時出兵利客聞喜有聞憂無遠行商賈從天上
六戊而出扶天武入天門百事吉逃走已命遠行萬里凶惡不
敢拘止行一里見担挑財物人應此時人君宜發號施令以行
誅戮斷除凶惡不知六戊者悞從凶方凶門返吟之宮而出則
不吉如陽遁五局甲己日干辰時甲子帶戊在中寄坤即以禽
芮為直符甲戊時戊在中亦寄坤坤在西南于此舉事則吉
又陽局用天上直符方陰局用地盤直符方

時加六己如神所使不知六己出被凶咎

己為六合吉神宜作陰私秘密之事隱匿則如神所使不知六己者慎用刑祀之方及强為顯揚之事必逢凶咎入官嫁娶遠行凶此時人君宜發明舊事修封疆理城廓

時加六庚抱木而行不知六庚必見鬪爭

庚乃天獄又名天刑此時不宜舉事强為必遭刑罪故曰能知六庚不被五木不知六庚俱使入獄或被凌辱將兵主勝客死市價無利入官嫁娶凶只宜固守屯營不宜出動行一里見女人穿孝服應之此時人君宜斷決刑獄誅戮奸邪

時加六辛行遇死人强有出者罪罰纏身

辛乃天庭凶惡之星此時諸事不利大凶將兵主勝客死故曰能
知六辛所往行來不知六辛多被杻械此時人君宜正刑法決
罪囚行一里見買賣人應
時加六壬為吏所吏强有出者非禍相臨
壬為天牢凶星出行謀為百事凶强有出者必被仇怨所稽將兵
主勝利以伏藏行一里見空虛之物此時人君宜平訴訟決刑
獄不可為吉事
時加六癸衆人莫視不知六癸出門見死
癸乃天藏之星宜藏匿逃亡絕迹從天上六癸方出衆人莫見將
兵主勝其餘凡事不利癸又為天綱故不吉行一里見鉄器之

人為應此時人君宜行威武顯罪責罰積財收斂
直符返吟不利舉兵動衆只宜散恤倉庫之事凡直符對衝皆返
吟遇奇門蓋之不至凶害不然災禍立至
直符伏吟此時不可用兵惟宜收貨財等物
以上六儀者六甲常隱于六儀之下六甲雖不用而為天乙之責
神謂之直符其發用在此故為之遁也
甲乙丙丁戊己庚辛壬癸在遁為三奇六儀在時為時干其吉凶
發用皆錄之于右當以其旺相輕重審而用之

遁甲三奇保應章

夫奇者乙丙丁乃上界之真宰天上號日月星地下號乙丙丁以

為天地中萬神之主每月朔旦之日九十四[家]年月日時三百六
十諸神煞將軍太歲年禁退星拱手朝臨安門出行得三奇多
獲吉利五性大墓破土斬草立券安塟開山立向野外權厝改
卜新塋開故墓合塟附塟得此三奇到山頭或臨坐向者並不
忌山家墓運陰符九十四家年月日時三百六十神煞年禁退
神太歲將軍土旺用事相尅日期一概不忌諸神煞擅退六十
步拱手進福大塟安宅得三奇子孫發福上官赴任得三奇未
及三年受皇封開山立向得三奇子孫必定換緋衣求官應舉
得三奇定主登甲移徙入宅定主興旺迎婚嫁娶百年偕老子
孫綿綿